Nuku hyvin, pieni susi

잘 자, 꼬마 늑대야


Lastenkirja kahdella kielellä

Ulrich Renz · Barbara Brinkmann

# Nuku hyvin, pieni susi

# 잘 자, 꼬마 늑대야

Käännös:

Maria Alaoja (suomi)

Jiyoung Hong (korea)

Äänikirja ja video:

www.sefa-bilingual.com/bonus

Ilmainen pääsy salasanalla:

suomi: **LWFI1518**

korea: **오디오북이나 동영상은 아직 이 언어로 제공되지 않습니다.**
**(Sorry, audio or video not yet available.)**

Pyrimme saamaan mahdollisimman monet kaksikielisistä kirjoistamme saatavillesi äänikirjoina ja videoina. Odota vielä kärsivällisesti, jos kielellesi ei vielä löydy äänikirjaversiota! Voit seurata työmme edistymistä verkkosivuillamme: www.sefa-bilingual.com/languages

Hyvää yötä, Tim! Jatketaan etsimistä huomenna.
Nyt nuku hyvin!

팀, 좋은 꿈 꾸렴! 내일 다시 찾아보자.
잘 자라.

Ulkona on jo pimeää.

밖은 이미 어두웠어요.

Mitä Tim tekee?

팀은 지금 뭘 하고 있는 걸까요?

Hän on lähdössä ulos leikkikentälle.

Mitä hän sieltä etsii?


놀이터에 가고 있어요.

뭘 찾는 걸까요?

Hänen pientä suttaan!

Ilman sitä hän ei osaa nukkua.


꼬마 늑대예요!

팀은 이 작은 늑대 없이는 잠들 수 없거든요.

Kuka tuolta tulee?

누가 오고 있는 걸까요?

Marie! Hän etsii palloaan.

마리예요! 마리는 공을 찾고 있어요.

Ja mitähän Tobi etsii?

그리고... 토비가 찾고 있는 건 뭘까요?

Hänen kaivuriaan.

그건 토비의 굴착기예요.

Ja mitä Nala etsii?

날라가 찾고 있는 건 뭐지요?

Hänen nukkeaan.

날라의 인형이에요.

Eikö lasten pitäisi olla jo sängyssä?
Kissa on hyvin ihmeissään.

저 아이들은 왜 안 자고 있는 걸까?
고양이가 무척 궁금해하고 있어요.

Ketkä nyt ovat tulossa?

지금 누가 오고 있는 걸까요?

Timin äiti ja isä!
He eivät osaa nukkua ilman Timiään.

팀의 엄마와 아빠네요!
그분들도 팀이 없으면 잘 수 없어요.

Ja tuolta tulee vielä lisää! Marien isä.

Tobin isoisä. Ja Nalan äiti.

더 많은 사람들이 오고 있어요! 마리의 엄마,
토비의 할아버지 그리고 날라의 엄마까지.

Mutta nyt nopeasti sänkyyn!

이제는 어서 자러 갈 시간이에요!

Hyvää yötä, Tim!

Huomenna meidän ei tarvitse enää etsiä.


팀, 잘 자렴!

내일 다시 찾으러 가지 않아도 되겠구나.

Nuku hyvin, pieni susi!

잘 자, 꼬마 늑대야!

# Kirjailijat

Ulrich Renz syntyi 1960 Stuttgartissa (Saksa). Hän opiskeli
ranskalaista kirjallisuutta Pariisissa ja lääketiedettä Lyypekissä, sen
jälkeen hän työskenteli tieteellisen kustantamon johtajana.
Nykyään Renz on vapaa kirjailija, asiateosten lisäksi hän kirjoittaa
lasten- ja nuortenkirjoja.

www.ulrichrenz.de

Barbara Brinkmann syntyi 1969 Münchenissä ja varttui Baijerin Esi-
Alpeilla. Hän opiskeli arkkitehtuuria Münchenissä ja on nykyään
tutkimusavustaja arkkitehtuurin tiedekunnassa Münchenin
teknillisessä yliopistossa. Sen lisäksi hän työskentelee itsenäisenä
graafikkona, kuvittajana ja kirjailijana.

www.bcbrinkmann.de

# Väritätkö mielelläsi?

Täältä löydät kaikki tarinan kuvat väritettäviksi:

## www.sefa-bilingual.com/coloring

# Pidä hauskaa!

Ulrich Renz · Marc Robitzky

# Villijoutsenet
## 야생의 백조

### Perustuen Hans Christian Andersenin satuun

suomi        kaksikielinen        korea

**Villijoutsenet**

Perustuen Hans Christian Andersenin satuun

▶ ikäsuositus: 4-5. ikävuodesta eteenpäin

Hans Christian Andersenin „Villijoutsenet" ei ole syyttä yksi maailman luetuimmista saduista. Ajattomassa muodossaan se käsittelee inhimillisten näytelmien aiheita: pelkoa, rohkeutta, rakkautta, pettämistä, eroa ja uudelleen löytämistä.

**Saatavilla kielilläsi?**

▶ Katso „kielitaikahatustamme":

www.sefa-bilingual.com/languages

**Minun kaikista kaunein uneni**

▶ Ikäsuositus: 2. ikävuodesta eteenpäin

Lulu ei pysty nukahtamaan. Kaikki hänen pehmolelunsa näkevät jo unta – hai, elefantti, pieni hiiri, lohikäärme, kenguru ja vauvaleijona. Myös nallen silmät painuvat jo melkein kiinni…

  Hei nalle, otatko minut mukaan uneesi?

  Niin alkaa Lulun matka, joka vie hänet läpi hänen pehmolelujensa unien – ja lopulta hänen omaan kaikista kauneimpaan uneensa.

**Saatavilla kielilläsi?**

▶ Katso „kielitaikahatustamme":

www.sefa-bilingual.com/languages

Special thanks for his IT support to our son, Paul Bödeker, Freiburg, Germany

ISBN: 9783739904818

www.ingramcontent.com/pod-product-compliance
Lightning Source LLC
Chambersburg PA
CBHW041443120626
46547CB00002B/333